Inhalt

Erbschaftssteuer

Kernthesen

Beitrag

Fallbeispiele

Weiterführende Literatur

Impressum

Erbschaftssteuer

I.Zeilhofer-Ficker

Kernthesen

- Der Bundesfinanzhof hält einige Punkte der aktuellen Erbschaftsbesteuerung für nicht verfassungsgemäß und hat sie deshalb Mitte August an das Bundesverfassungsgericht zur Prüfung weitergeleitet. (AZ.: II R 61/99) (1)
- Bemängelt wird vor allem die unterschiedliche Vermögensbewertung von Immobilien, Betriebsvermögen, land- und forstwirtschaftlichem Vermögen und nicht notierten Anteilen an Kapitalgesellschaften im Vergleich zu Bargeld und Aktien. (2)
- Der Gesetzgeber will trotzdem bis zur Entscheidung aus Karlsruhe an der momentanen Gesetzgebung festhalten. (2)
- Wer von den jetzt noch günstigen

Steuerregelungen profitieren will, sollte Vermögen möglichst umgehend über Schenkungen an seine Erben übertragen.

Beitrag

Mitte August verwies der Bundesfinanzhof die Frage der Verfassungsmäßigkeit der aktuellen Erbschaftssteuer-Gesetzgebung an das Bundesverfassungsgericht nach Karlsruhe, da er, basierend auf einem aktuellen Revisionsverfahren, mit der jetzigen Gesetzesfassung die Steuergerechtigkeit verletzt sieht. Mit einer Entscheidung des Bundesverfassungsgerichtes wird frühestens im nächsten Jahr gerechnet. (1), (2)

Historie

Bereits 1995 musste sich das Bundesverfassungsgericht mit der Erbschaftssteuer auseinandersetzen. Schon damals wurde die steuerliche Ungleichbehandlung von Kapital- und Immobilienvermögen kritisiert und die Einhaltung des Grundsatzes der Gleichbehandlung eingefordert. Karlsruhe mahnte auch an, dass die Fortführung eines Betriebes durch die Erbschaftssteuer nicht gefährdet werden dürfe und das durchschnittliche Vermögen einer Familie im Erbfall von den Steuerbehörden weitgehend unangetastet bleiben müsse.

Mit der Reform des Erbschafts- und Schenkungssteuergesetzes von 1996 kamen neue Bewertungsvorschriften von Vermögensarten zur Errechnung der fälligen Erbschaftssteuer. Da damit die Freibeträge erhöht und die Bewertungsgrundlagen geändert wurden, ging der Bundestag davon aus, den Anforderungen des Bundesverfassungsgerichts entsprochen zu haben. Der Bundesfinanzhof sieht dies anders. In der mündlichen Verhandlung des Revisionsfalls AZ II R 61/99 brachte der Vorsitzende Richter des zweiten Senats beim BFH zum Ausdruck, dass seiner Ansicht nach die extrem unterschiedliche Bewertung und damit Besteuerung der einzelnen Vermögensarten dem Grundsatz der Gleichbehandlung widerspricht. Da der BFH schon im Oktober 2001 seine verfassungsrechtlichen Bedenken äußerte, werden seit Dezember 2001 Erbschafts- und Schenkungssteuerbescheide nur noch vorläufig erlassen. (8)

Geltende Erbschaftssteuer-Regeln

Die aktuelle Erbschaftssteuer-Gesetzgebung beinhaltet eine Vielzahl von Sonderregelungen, wie Vermögenswerte im Erbfall zu besteuern sind. So werden Bargeld, Sparguthaben oder börsennotierte Wertpapiere mit dem vollen Wert zur Ermittlung der Erbschaftssteuer herangezogen. Für Betriebsvermögen, Anteile an nicht notierten Kapitalgesellschaften, Immobilien und land- und forstwirtschaftlichem Vermögen gilt eine Reihe von Vergünstigungen. (3)

Wertansatz für Betriebsvermögen

- maßgeblich sind niedrigere Werte aus der Steuerbilanz
- Schulden können zum Nennwert abgezogen werden
- Freibetrag: 256 000 Euro
- Bewertungsabschlag 40 %
- immer günstigste Steuerklasse 1
- zinslose Stundung der Erbschaftssteuer 10 Jahre lang möglich (3), (4)

Daraus ergibt sich, dass Erbschaften bis zu einem Wert von ungefähr 1,5 Millionen Euro de facto steuerfrei bleiben. (7)

Wertansatz für Anteile an nicht börsennotierten Kapitalgesellschaften

- Stuttgarter Verfahren: Steuerbilanzwert und Ertragsaussichten
- Freibetrag: 256 000 Euro
- Bewertungsabschlag 40 % (3), (4), (5)

Der etwaige Durchschnittswert beläuft sich hier auf ca. 67 % des Verkehrswertes.

Bewertung von unbebauten Grundstücken

- Ermäßigter Bodenrichtwert
- Maßgeblich ist das Jahr 1996 (3)

Das Ergebnis sind etwa 50 % des Verkehrswertes.

Bewertung von bebauten Grundstücken

- Vervielfältigung der durchschnittlichen Vergleichs-Jahresmiete der letzten 3 Jahre um das 12,5fache

- davon wird für jedes Jahr seit der Bezugsfertigkeit ein halbes Prozent abgezogen, höchstens aber 25 Prozent
- Nutzung, Ausstattung und Lage werden nicht berücksichtigt (3), (6)

Das Resultat ist eine Bewertung von ca. 50 % des Verkehrswertes.

Bewertung von land- und forstwirtschaftlichem Vermögen

- nur 10 % des Verkehrswertes werden angesetzt
- Freibetrag: 256 000 Euro
- Bewertungsabschlag 40 %
- Begrenzung des Steuertarifs (3)

Da sich ein Wert von unter 10 % des Verkehrswertes ergibt, fällt bei Erbschaften von land- und forstwirtschaftlichen Gütern im Normalfall gar keine Erbschaftssteuer an. (7)

Freibeträge

Zur Wahrung der 1995 vom Bundesverfassungsgericht erlassenen Vorgabe, dass das durchschnittliche Familienvermögen vor dem Fiskus geschützt bleiben müsse, wurden mit der Erbschaftssteuer-Reform Freibeträge für die engsten Familienmitglieder eingesetzt. Der Freibetrag für Ehegatten beträgt ca. 307 000 Euro, für Kinder ca. 205 000 Euro. Diese Freigrenzen gelten auch für Schenkungen zu Lebzeiten - sie können alle 10 Jahre ohne Steuerpflicht ausgeschöpft werden. Für Schenkungen von Immobilien, Betriebswerten oder Land- und Forstwirtschaftsvermögen gelten die Bewertungsrichtlinen wie oben.

Ergebnis

Derzeit wird das Vermögen aus der Wirtschaftswunderzeit vererbt oder weitergegeben. Experten schätzen, dass in den nächsten Jahren Werte in Höhe von rund 1,3 Billionen Euro den Besitzer wechseln werden. Trotzdem ist die Erbschaftssteuer eine Bagatellsteuer: die ausschließlich den Ländern zufließenden Erbschaftssteuereinnahmen betragen nur rund 3 Milliarden Euro pro Jahr, also weniger als 1 Prozent des gesamten Steueraufkommens der Bundesrepublik. [(10)](), [(11)]()

Aufgrund der vielen möglichen Vergünstigungen und Freibeträge beträgt der reale Steuersatz auf

Erbschaften nur unter 5 Prozent. Erstaunlich wenig, wenn man bedenkt, dass der Staat die Vermögensbildung durch die vergangenen 54 Jahre Stabilität und Wachstum mit gleichzeitiger Inflationsbegrenzung erst ermöglicht hat. (12)

Was beanstandet der BFH

Der Bundesfinanzhof sieht die mögliche enorme Unterbewertung von Vermögensarten durch die oben genannten Vergünstigungen als verfassungswidrig an. Beanstandet wird außerdem, dass Unterbewertung, Freibetrag und Bewertungsabschlag kumuliert werden können. Auch die Möglichkeit des ungekürzten Abzugs von Schulden, die mit dem gewerblichen Vermögenswert zusammenhängen, wird kritisiert. Schließlich wird die Tatsache, dass Privatvermögen in gewerblich geprägte Personengesellschaften eingebracht werden kann, um die Vorteile der Besteuerung von Betriebsvermögen in Anspruch zu nehmen, als nicht verfassungskonform erachtet. (4)

Die Begründung des Bundesfinanzministeriums für die Ungleichbehandlung ist einleuchtend: Grundbesitz und Betriebsvermögen sei nicht so einfach zu veräußern wie Bargeld oder Aktien.

Außerdem seien an Immobilien soziale Verpflichtungen gekoppelt, die den Wert gegenüber beispielsweise Bargeld verringerten. Eine Belastung des Betriebsvermögens könnte schließlich Arbeitsplätze gefährden. (2), (8)

Die Münchener Finanzrichter ließen diese Argumente nicht gelten - zu weitgehend seien die pauschalen Vergünstigungen. Und wer sein Geld statt in Immobilien oder Betrieben auf dem Kapitalmarkt anlegt, darf deshalb nicht benachteiligt werden. (2),

Fallbeispiele

Ein Spruch sagt, dass nur diejenigen Erbschaftssteuer zahlen, deren Eltern bei der Erstellung ihres Testaments keinen Steuerberater hinzugezogen haben. Tatsächlich gibt es eine ganze Reihe von Modellen, die helfen, den Anteil des Staates am Erbe möglichst gering zu halten. Aber nicht alle Angebote auf dem Markt halten, was sie versprechen.Ein Mittel um erheblich an Erbschaftssteuer zu sparen ist die Wahl des richtigen **Güterstands**. Wohlhabende Leute wählen häufig die Gütertrennung, um bei einer möglichen Scheidung das finanzielle Risiko gering zu halten. Dies bedeutet aber im Fall der Erbschaft eine wesentlich höhere Steuerbelastung für den Hinterbliebenen, da der volle Zugewinn bei der Gütertrennung der Erbschaftssteuer unterliegt. Besser fährt man mit der modifizierten Zugewinngemeinschaft, bei der man zwar als Güterstand die Zugewinngemeinschaft wählt, über einen Ehevertrag aber den Zugewinnausgleich im Falle der Scheidung ausschließt. (14)

Insgesamt Geld sparen kann man auch, wenn **nicht der Begünstigte** die Erbschaftssteuer zu tragen hat. Übernimmt beispielsweise der Schenker oder im Erbschaftsfall der dem Verstorbenen näher Verwandte die Steuer, bekommt der Fiskus insgesamt weniger Geld. (14)

Soll ein Geldbetrag zum Beispiel für den Kauf einer Immobilie verschenkt werden, sollte dies im Schenkungsvertrag als Auflage bezeichnet werden. Durch die **Schenkung mit Auflage** kann nämlich der wesentlich günstigere Bewertungsansatz für Immobilien für die Schenkungssteuer angewandt werden. (15)

Ähnliches gilt für eine **Schenkung mit Nießbrauchsvorbehalt**. Überträgt man etwa Anteile am Betriebsvermögen bereits jetzt an die künftigen Erben, wird die gültige günstige Wertermittlung für die Steuer angesetzt. Ebenso können Aktienpakete, die durch die momentan niedrigen Kurse einen geringen Steueranteil ergeben, mit Nießbrauchsvorbehalt verschenkt werden. Durch den Nießbrauchsvorbehalt fließen Erträge aus Beteiligungen oder Aktien weiterhin dem Schenker zu. [16], [17] Jeder Schenkungsvertrag sollte auf jeden Fall einen Passus über eine Rückabwicklung enthalten. Bei Vorversterben oder Insolvenz des Beschenkten kann man damit den Vermögenswert relativ problemlos zurück erhalten. [18]

Gut überlegt sein will aber auch, an wen das Vermögen vermacht werden soll. So fällt, bei der heute üblichen **Erbschaftsstruktur**, erst an den Ehegatten, dann an die Kinder, regelmäßig doppelt Erbschaftssteuer an. Bei direkter Übertragung an die Kinder oder sogar bereits an die Enkelkinder lässt sich langfristig ein Großteil der Erbschaftssteuer sparen. [19] Überlegt werden sollte auch, wie der allgemein übliche Streit von Erbengemeinschaften bei größeren Erbschaften vermieden werden kann. Eine **befristete Testamentsvollstreckung** kann hier sehr hilfreich sein. [20] Ebenso empfehlenswert ist der Abschluss einer **Risikolebensversicherung** in Höhe der zu erwartenden Erbschaftssteuer, wenn Vermögenswerte weitgehend unbeschadet vererbt werden sollen. [21]

Abzuraten ist allerdings von Angeboten, wie der Einstieg in geschlossene Immobilienfonds als Steuersparmodell oder den Kauf von alten Immobilien auf Kredit zur Senkung der Erbschaftssteuer. Die Risiken, hier mehr Geld zu verlieren als zu gewinnen, sind enorm. (22), (23)

Weiterführende Literatur

(1) Erbschaftsteuer-Bescheide nur vorläufig - RATGEBER, Bonner General-Anzeiger vom 16.08.2002, S. 21
aus Frankfurter Allgemeine Zeitung, 19.07.2002, Nr. 165, S. 11

(2) Kuhr, Daniela, Streit um die Nachlässe, Süddeutsche Zeitung vom 16.08.2002, Ausgabe Deutschland, S. 17
aus Frankfurter Allgemeine Zeitung, 19.07.2002, Nr. 165, S. 11

(3) Beim Sparbuch fällt mehr Erbschaftsteuer an als beim Betrieb, Frankfurter Allgemeine Zeitung vom 15.08.2002, Nr. 188, S. 12
aus Frankfurter Allgemeine Zeitung, 19.07.2002, Nr. 165, S. 11

(4) Beim Sparbuch fällt mehr Erbschaftsteuer an als beim Betrieb
aus Frankfurter Allgemeine Zeitung, 15.08.2002, Nr.

188, S. 12

(5) Drohende Erhöhungen der Erbschaftsteuer zwingen zum Handeln
aus Frankfurter Allgemeine Zeitung, 03.06.2002, Nr. 125, S. 32

(6) Letzte Rettung fürs Lebenswerk Reibungslose Unternehmensnachfolge. In den kommenden fünf Jahren steht bei bundesweit rund 350000 Unternehmen der Generationswechsel an - mit weitreichenden Chancen und Gefahren. Wichtigster Garant für einen gelungenen Stabwechsel ist die langfristige Planung - insbesondere bei steuerlichen Fragen. Niemand hat ein Patentrezept für die Unternehmensnachfolge. Folgende Hinweise helfen jedoch im Gespräch mit dem Rechtsanwalt oder Steuerberater.
aus FTD Financial Times Deutschland vom 06.08.2002, Seite 34

(7) Erbschaftsteuer ist für viele Menschen ein Buch mit sieben Siegeln
aus Frankfurter Allgemeine Zeitung, 08.06.2002, Nr. 130, S. 23

(8) Finanzrichter zweifeln an der Erbschaftsteuer Bundesfinanzhof will Verfassungsmäßigkeit in Karlsruhe prüfen lassen " Kritik an deutlicher Bevorzugung von Betriebsvermögen und Immobilien
aus FTD Financial Times Deutschland vom 31.07.2002,

Seite 11

(9) Erben droht ein Steuer-Schock, Spiegel Online vom 14.08.2002
aus FTD Financial Times Deutschland vom 31.07.2002, Seite 11

(10) Teure Erbschaften - Bundesverfassungsgericht soll klären, ob alle Arten von Erbschaften bald gleich besteuert werden. Bewertung von Immobilien Hauptstreitpunkt, taz vom 15.08.2002, S. 2
aus FTD Financial Times Deutschland vom 31.07.2002, Seite 11

(11) Schumacher, Oliver, Wenn die Nachfahren auffahren, Süddeutsche Zeitung vom 16.08.2002, Ausgabe Deutschland, S. 4
aus FTD Financial Times Deutschland vom 31.07.2002, Seite 11

(12) Gürtler, Detlef, Erben verpflichtet - erst nach der Wahl - Der Bundesfinanzhof erzwingt eine sozial gerechte Steuerreform, taz vom 15.08.2002, S. 10
aus FTD Financial Times Deutschland vom 31.07.2002, Seite 11

(13) Ostertun, Dietrich / Heidemann, Frank, Erbschaftsteuergesetz bleibt bis zur gerichtlichen Klärung gültig - Erben können aufatmen, Die Welt, Jg. 52, vom 15.08.2002, Nr. 189, S. 12
aus FTD Financial Times Deutschland vom 31.07.2002, Seite 11

(14) Erbschaftsteuergesetz bleibt bis zur gerichtlichen Klärung gültig Erben können aufatmen
aus Die Welt, Jg. 52, 15.08.2002, Nr. 189, S. 12

(15) Der richtige Güterstand hilft Erbschaftsteuer sparen
aus Frankfurter Allgemeine Zeitung, 10.06.2002, Nr. 131, S. 30

(16) Immobilien werden erbschaftsteuerlich teurer
aus Frankfurter Allgemeine Zeitung, 17.06.2002, Nr. 137, S. 32

(17) Unternehmensnachfolgen vorziehen - mit Nießbrauchsvorbehalt
aus Frankfurter Allgemeine Zeitung, 24.06.2002, Nr. 143, S. 32

(18) Mit der Baisse Erbschaftsteuer sparen
aus Frankfurter Allgemeine Zeitung, 02.07.2002, Nr. 150, S. 22

(19) Veraltete Testamente gefährden die beabsichtigte Erbregelung
aus Frankfurter Allgemeine Zeitung, 09.07.2002, Nr. 156, S. 20

(20) Die gerechte Vermögensübertragung auf Kinder ist ein Puzzlespiel
aus Frankfurter Allgemeine Zeitung, 20.07.2002, Nr. 166, S. 19

(21) Rosinenpickerei führt bei Erbschaften zu Verdruß

und Zank
aus Frankfurter Allgemeine Zeitung, 03.08.2002, Nr. 178, S. 18

(22) Erbschaftsteuer ist Gift für die Zukunft ertragreicher Unternehmen
aus Frankfurter Allgemeine Zeitung, 06.07.2002, Nr. 154, S. 23

(23) Kauf alter Immobilien auf Kredit senkt die Erbschaftsteuer
aus Frankfurter Allgemeine Zeitung, 13.07.2002, Nr. 160, S. 21

Impressum

Erbschaftssteuer

Bibliografische Information der deutschen Nationalbibliothek

Die Deutsche Nationalbibliothek verzeichnet diese Publikation in der deutschen Nationalbibliografie; detaillierte bibliografische Daten sind im Internet über http://dnb.d-nb.de abrufbar.

ISBN: 978-3-7379-1163-4

© 2015 GBI-Genios Deutsche Wirtschaftsdatenbank GmbH, Freischützstraße 96, 81927 München, www.genios.de

Alle Rechte vorbehalten. Dieses Werk ist einschließlich aller seiner Teile – z.B. Texte, Tabellen und Grafiken - urheberrechtlich geschützt. Jede Verwertung außerhalb der Grenzen des Urheberrechtsgesetzes bedarf der vorherigen Zustimmung des Verlags. Dies gilt insbesondere auch für auszugsweise Nachdrucke, fotomechanische Vervielfältigungen (Fotokopie/Mikroskopie), Übersetzungen, Auswertungen durch Datenbanken oder ähnliche Einrichtungen und die Einspeicherung und Verarbeitung in elektronischen Systemen.